초판 1쇄 발행 2021년 1월 26일
초판 2쇄 발행 2022년 3월 17일

**글** 윤상식 **그림** 김기수·황정호 **감수** 최현수·최현진
**펴낸이** 김선식

**경영총괄** 김은영
**책임편집** 강별 **디자인** 이정아
**어린이 콘텐츠사업2팀장** 이지양 **어린이 콘텐츠사업2팀** 윤보황
**어린이 마케팅본부장** 김창훈 **어린이 마케팅팀장** 임우섭
**어린이 마케팅1팀** 최민용 김유진 송지은 **어린이 마케팅2팀** 문윤정 이예주
**어린이 디자인팀장** 남희정 **어린이 디자인팀** 남정임 이정아 김은지 최서원
**저작권팀** 한승빈 김재원 이슬 **편집관리팀** 조세현 백설희
**경영관리본부** 하미선 박상민 이우철 윤이경 김재경 안혜선 오지영 최완규 이지우 김소영 김진경 김혜진
**정보글** 최현수·최현진 **외부 스태프** 조판 최지언

**펴낸곳** 다산북스 **출판등록** 2005년 12월 23일 제313-2005-00277호
**주소** 경기도 파주시 회동길 490 **전화** 02-704-1724 **팩스** 02-703-2219
**다산어린이 공식 카페** cafe.naver.com/dasankids **who시리즈몰** www.whomall.co.kr
**종이** 아이피피 **인쇄** 민언프린텍 **제본** 정문바인텍

ISBN 979-11-306-3454-8
　　　979-11-306-3272-8 77550(세트)

+ 책값은 뒤표지에 표시돼 있습니다.
+ 파본은 본사와 구입하신 서점에서 교환해 드립니다.
+ 이 책은 저작권법에 의하여 보호를 받는 저작물이므로 무단 전재와 복제를 금합니다.
+ 이 책에 실린 사진의 출처는 셔터스톡, fritzing 등입니다.

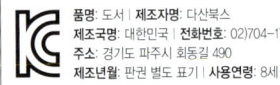

※ KC마크는 이 제품이 공통안전기준에 적합하였음을 의미합니다.

히어로 액션 ⚡ 코딩 학습 만화

# 코딩맨 어드벤처

### ❷ 새로운 차원으로

글 윤상석 | 그림 김기수
감수 최현수 · 최현진

다산 어린이

## 머리말

## 미래 세대들의 필수 언어, 코딩

여러분이 살고 있는 현재를 '4차 산업 혁명 시대'라고 해요. 디지털 혁명이라 불리는 3차 산업 혁명을 지나 인간이 맞이할 중요한 산업 시대이지요. 3차 산업 혁명 시대가 스마트폰, 태블릿 등이 일상적으로 쓰이는 디지털 시대였다면, 4차 산업 혁명 시대에는 디지털 혁명을 밑바탕으로 인공지능(AI)과 사물 인터넷(IoT) 등이 우리 일상에 깊숙이 자리하게 돼요. 그러면서 전자 기기가 이전보다 인간을 대신해서 더 많은 일을 하게 되지요. 그래서 컴퓨터 등의 전자 기기에 명령을 내리는 '프로그래밍'이 꼭 필요한 능력으로 떠오르고 있답니다.

모든 전자 기기는 디지털 방식으로 작동돼요. 우리가 일상에서 자주 쓰는 스마트폰도 마찬가지예요. 디지털은 물질의 특성을 0과 1의 신호로 바꾸어 놓은 거예요. 이 신호를 기계들만 쓰는 '기계어'라고 해요. 0과 1의 신호로 만들어진 기계어를 사람이 쓸 수 있는 언어와 비슷하게 만든 것이 프로그래밍 언어이지요. 바로 이 프로그래밍 언어로 전자 기기가 이해할 수 있는 명령을 입력하는 것을 '코딩', 넓은 의미로 '프로그래밍'이라고 합니다. 앞으로 전자 기기와 밀접하게 살아갈 여러분에게 코딩은 반드시 필요한 소통 언어가 될 거예요.

그동안 어린이들에게 많은 사랑을 받은 《코딩맨 엔트리》는 이제부터 《코딩맨 어드벤처》에서 새로운 코딩 전사들과 더 큰 모험의 세계로 떠납니다. 앞으로 모험을 펼칠 곳은 코딩으로 만들어진 신비로운 세상이에요. 《코딩맨 어드벤처》와 함께라면 자연스럽게 코딩을 배우고 코딩의 매력에 푹 빠져들 수 있을 거예요.

그럼, 코딩 특공대와 함께 《코딩맨 어드벤처》로 출발해 볼까요?

작가 **윤상석**

## 추천사

## 코딩으로 여러분의 상상을 실현시켜요!

가고 싶은 곳을 말하면 가장 가까운 경로를 알려 주는 내비게이션, 사람이 다가가면 열리는 자동문은 소프트웨어가 없던 이전에는 마치 마법 같은 일이었습니다. 지금은 소프트웨어 코딩으로 이 마법 같은 일을 누리며 살고 있지요. 소프트웨어를 만들고 운용하는 일은 점점 더 중요해지고 있습니다. 그리고 소프트웨어를 다룰 때 가장 중요한 능력인 코딩이 빠질 수 없지요.

  코딩이 초등학교 교과 과정에 의무적으로 도입되면서 부모님들도 코딩에 대한 관심이 많아졌습니다. 코딩은 부모님들에게도 아이들에게도 아직은 생소한 분야입니다. 그럴수록 코딩은 처음에 제대로 배우는 것이 중요합니다. 코딩을 배우는 이유는 단순히 코드를 만들기 위해 블록을 쌓는 것이 아닌, '컴퓨팅 사고력'을 키우는 것이 목표입니다. 컴퓨팅 사고력은 4차 산업 혁명 시대의 인재에게 요구되는 핵심 역량입니다. 절차적이고 논리적으로 문제를 해결할 수 있는 사고방식을 말하지요. 코딩뿐만 아니라 실생활에서 필요한 능력이기도 합니다.

  처음에는 낯설지라도 《코딩맨 어드벤처》를 즐겁게 넘겨 가며, 기초적인 코딩부터 로봇을 만들고 조종하는 코딩까지 함께 알아갈 수 있습니다. 코딩 전사들과 함께 문제를 해결하다 보면 어느새 코딩에 자신감이 생긴 나를 발견하게 될 것입니다.

**최현수** (서울 백운 초등학교 교사) · **최현진** (서울 창경 초등학교 교사)

# 차례

 지난 줄거리 · 10

 1  버그킹덤의 최후 ·············· 11

 2  괴력을 가진 전학생 ·············· 41

 3  버그킹덤 데이터의 비밀 ·············· 71

**4** 가자, 새로운 차원으로! ............ 99

**5** 놀라운 음모 ............................ 127

 만화 속 개념 • 158

 코딩맨 워크북 • 166

 정답과 해설 • 172

# 등장인물

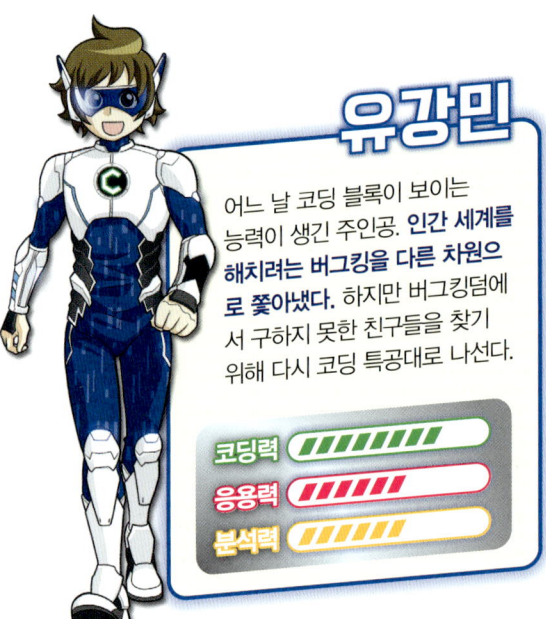

## 유강민

어느 날 코딩 블록이 보이는 능력이 생긴 주인공. 인간 세계를 해치려는 버그킹을 다른 차원으로 쫓아냈다. 하지만 버그킹덤에서 구하지 못한 친구들을 찾기 위해 다시 코딩 특공대로 나선다.

- 코딩력: ▰▰▰▰▰
- 응용력: ▰▰▰▰
- 분석력: ▰▰▰

## 강아리

코딩맨의 열렬한 팬이다. 먹는 걸 많이 좋아하며 힘이 세다. 컴퓨터 언어나 코딩 지식은 따분해 하지만 강민이가 가르쳐 주면 재미있게 들을 준비가 되어 있다!

- 코딩력: ▰▰▰▰▰
- 응용력: ▰▰▰▰
- 분석력: ▰▰

## 박호동

아두이노 공작물을 매우 잘 다룬다. 코딩 특공대에 합류하면서 친구들이 많이 생겼다. **아직 체력은 부족하지만 친구들에게 도움이 되고 싶다고 늘 생각한다.**

- 코딩력: ▰▰▰
- 응용력: ▰▰▰▰▰▰
- 분석력: ▰▰▰▰▰

## 김환희

버그킹에게 기억을 뺏겨 엑스버그로 활동했던 과거가 있다. 그때 인간들과 디버깅을 공격했기 때문에 **버그킹덤에서 사라진 친구들을 꼭 구해 오고 싶다.**

- 코딩력: ▰▰▰▰
- 응용력: ▰▰▰▰
- 분석력: ▰▰▰▰▰

### 주예린

주철진의 딸. 여린 마음의 소유자. 버그킹에게 납치를 당하여 흐름버그로 활동했지만 코딩맨과 여러 사람의 도움으로 가까스로 돌아올 수 있었다.

- 코딩력 ▮▮▮▮▮
- 응용력 ▮▮▮▮
- 분석력 ▮▮▮

## 대립

### 버그킹

버그킹이 세운 코딩 세계인 버그킹덤의 수장. 망가진 버그킹덤을 다시 세우려고 한다.

### 검은 망토

디버깅 요원들이 버그킹덤에 설치한 CCTV에 포착됐다. 아직까지 정체가 불분명하다.

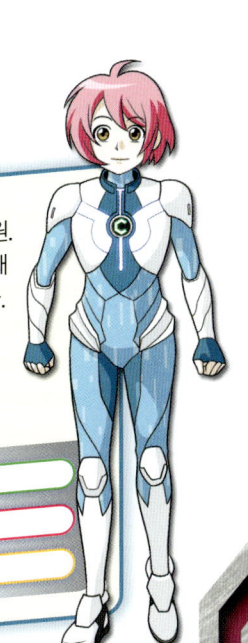

### 레이카

디버깅 본부의 특수 요원. 버그킹덤이 활개를 칠 때 곁에서 코딩맨을 도왔다. **전 디버깅 요원으로서 책임감이 있다.**

- 코딩력 ▮▮▮▮
- 응용력 ▮▮▮▮▮
- 분석력 ▮▮▮

## 조력

### 스마일

주철진이 만든 인공지능 컴퓨터.

### 로봇X

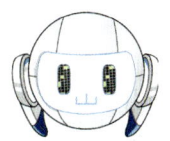

디버깅에서 새롭게 개발 중인 신개념 소프트 로봇. 아두이노를 이용해 원하는 로봇으로 변신시킬 수 있다.

## 지난 줄거리

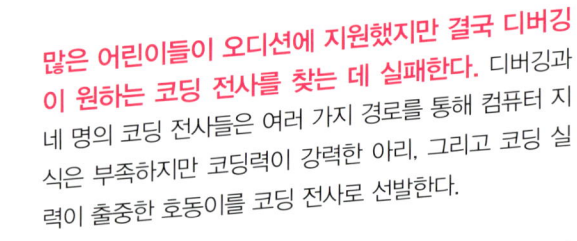

**코딩 특공대로 결성된 강민, 예린, 환희, 레이카.** 주철진 박사는 버그킹덤에 납치됐던 아이들이 흔적도 없이 사라졌다는 놀라운 사실을 알려 준다. 현재 디버깅 요원들이 당시 버그킹덤에서 가져온 데이터들을 분석하며 그들의 행방을 찾고 있다는 것이다. 그리고 디버깅은 두 명의 코딩 전사들을 더 뽑기 위해 코딩력이 뛰어난 어린이를 찾는 오디션을 열기로 한다.

**많은 어린이들이 오디션에 지원했지만 결국 디버깅이 원하는 코딩 전사를 찾는 데 실패한다.** 디버깅과 네 명의 코딩 전사들은 여러 가지 경로를 통해 컴퓨터 지식은 부족하지만 코딩력이 강력한 아리, 그리고 코딩 실력이 출중한 호동이를 코딩 전사로 선발한다.

버그킹덤에서 수상한 존재가 포착되자 디버깅은 버그킹덤에 시한폭탄을 설치해 파괴하기로 결정한다. **이 결정과 동시에 코딩 특공대에게 첫 번째 임무가 주어진다.** 바로 버그킹덤의 중앙 컴퓨터에 숨겨져 있는 핵심 데이터를 가져오는 것이다. 핵심 데이터에는 행방불명된 어린이들에 대한 중요한 단서가 숨겨져 있다. 마침내 코딩 특공대는 핵심 데이터들을 찾는 데 성공한다. 하지만 시한폭탄이 터지는 시간은 점점 다가오는데….

# 1 버그킹덤의 최후

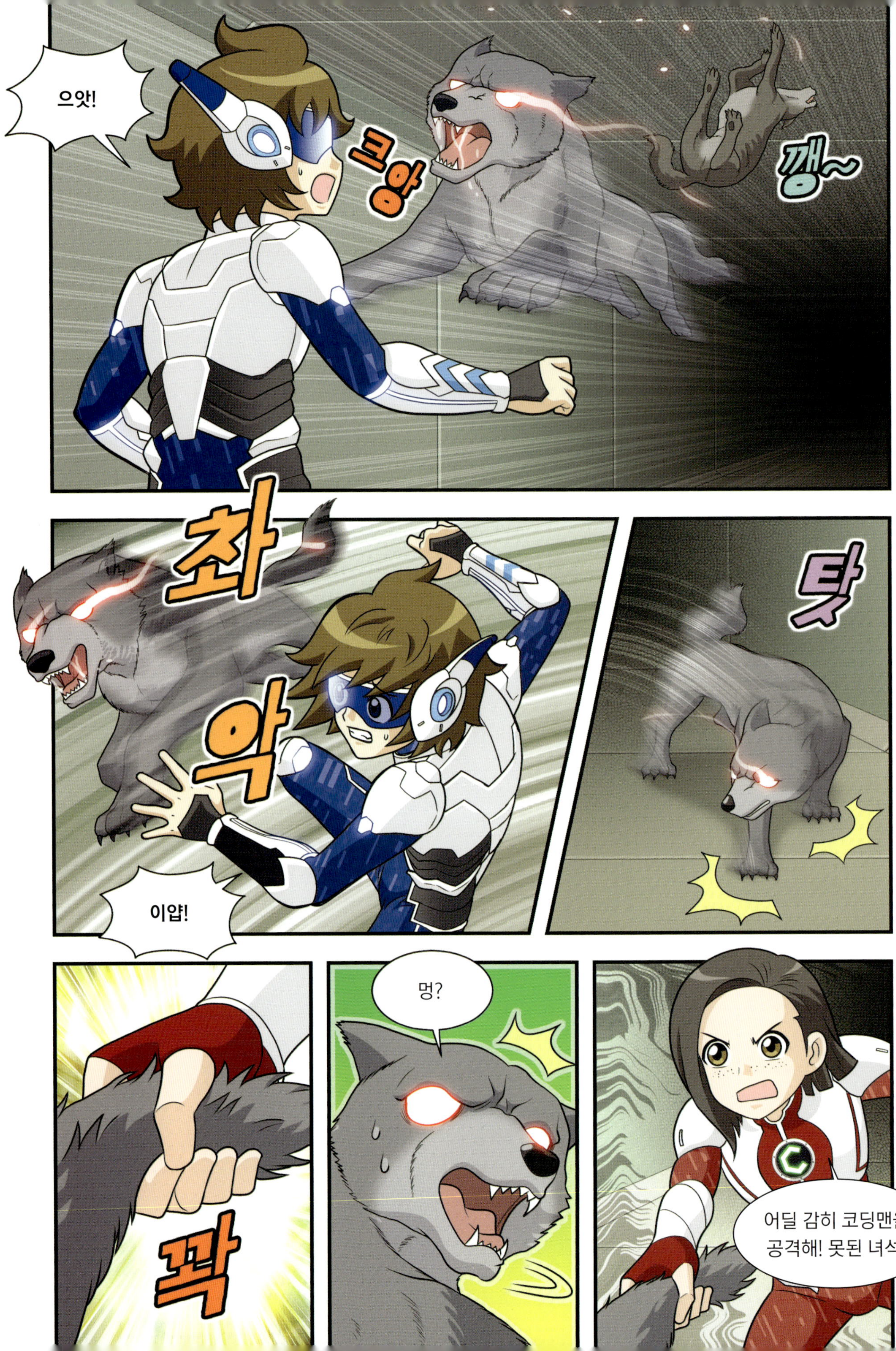

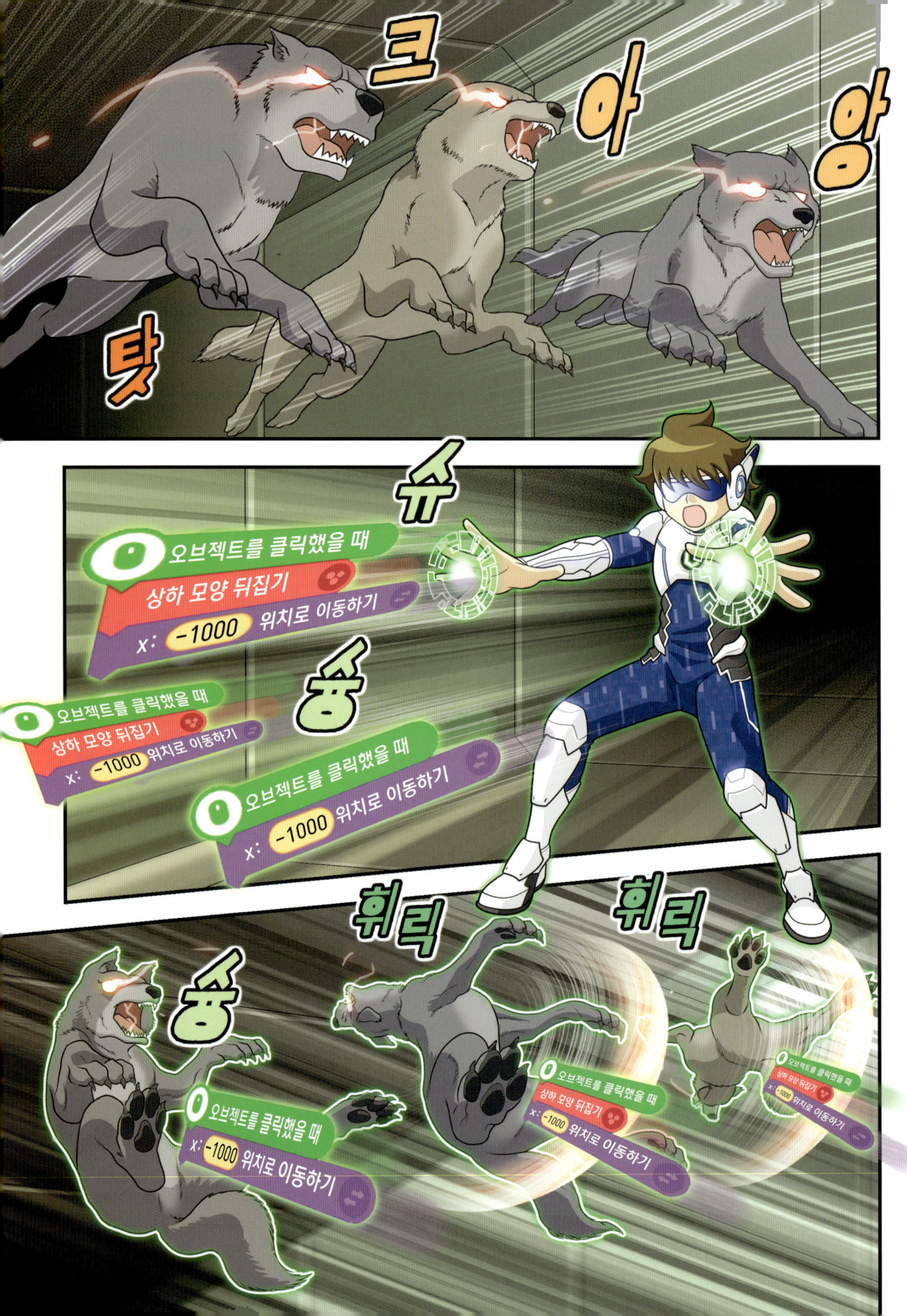

이얍!

우 우 우 웅

훅 훅 탓

코딩맨! 어서 서둘러!

훅 탓

띠 띠
00:03

크앙 이얍!

띠 띠
00:01

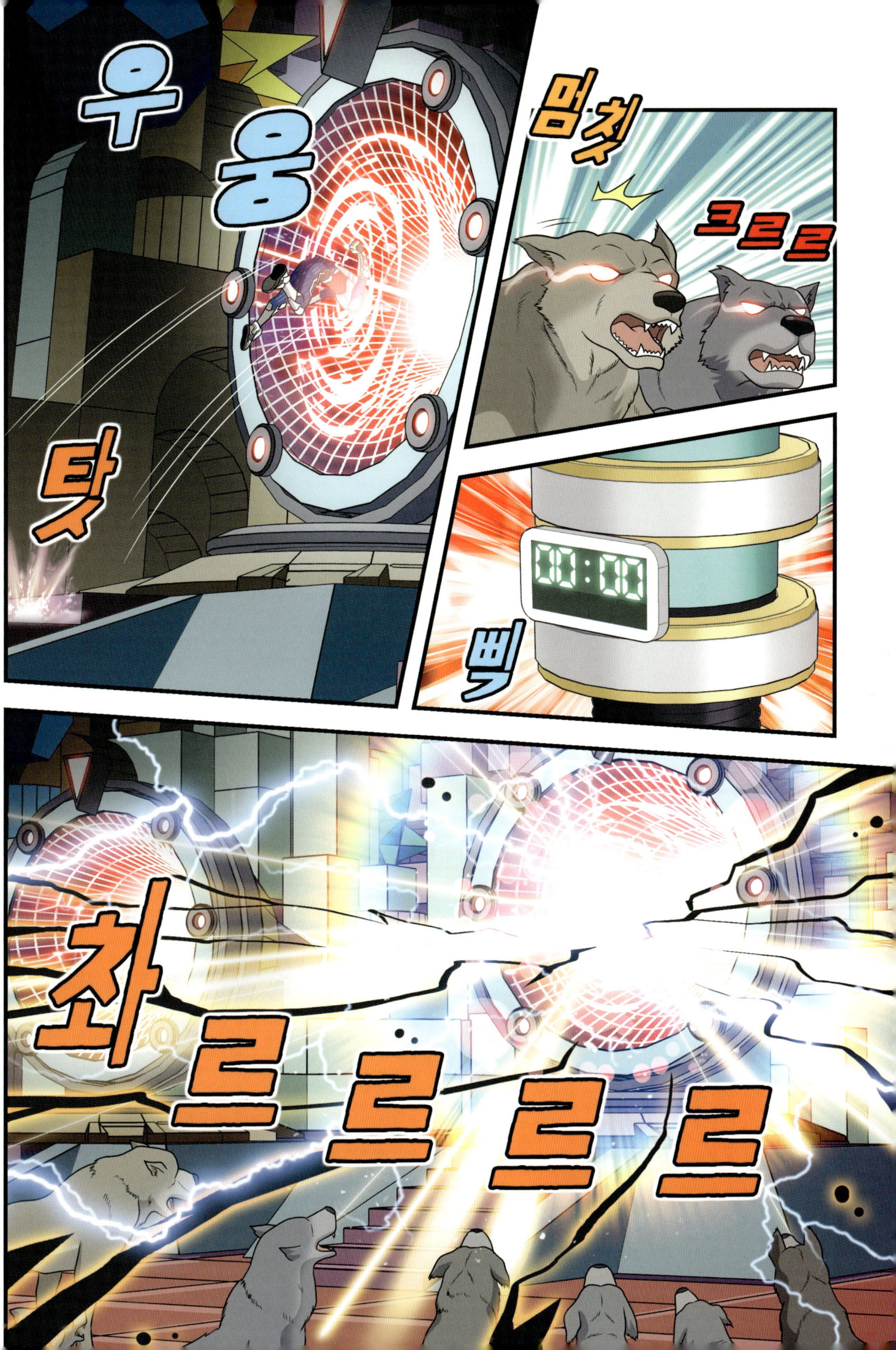
우웅
탓
멈칫
크르르
00:00
삑
촤르르르르

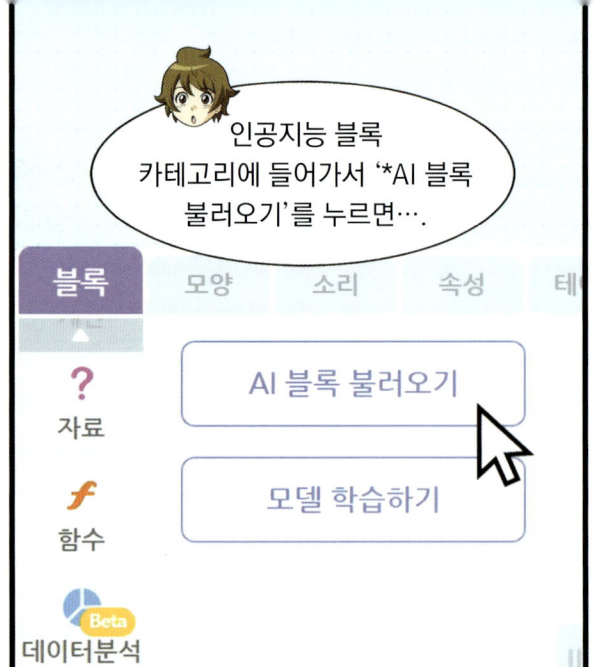

*AI(artificial intelligence)_ 인간의 지능이 가진 학습, 추리, 적응, 논증 따위의 기능을 갖춘 컴퓨터 시스템으로 '인공지능'이라고 부름.

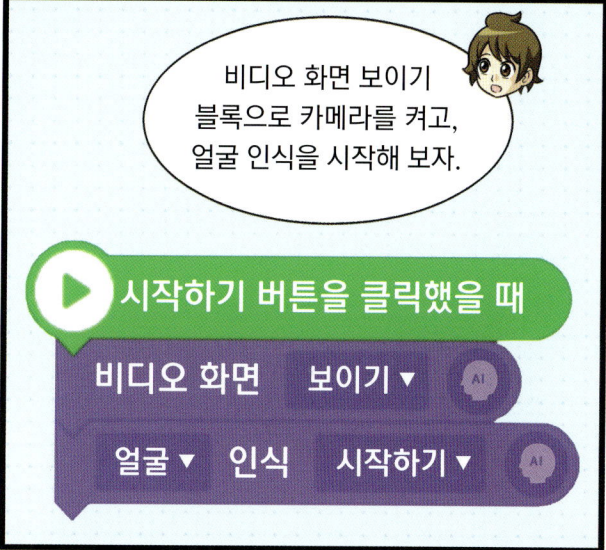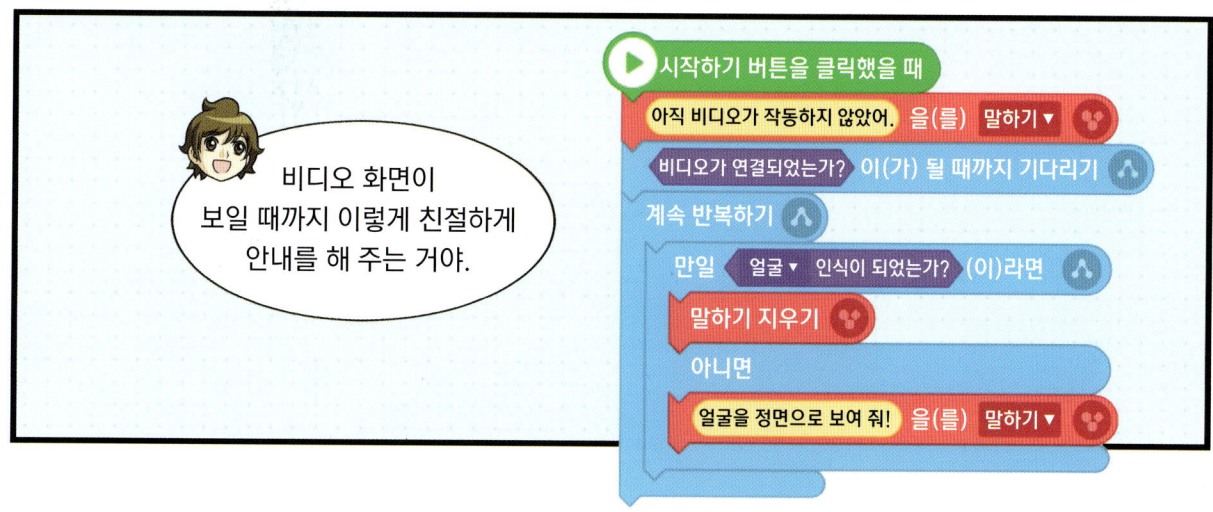

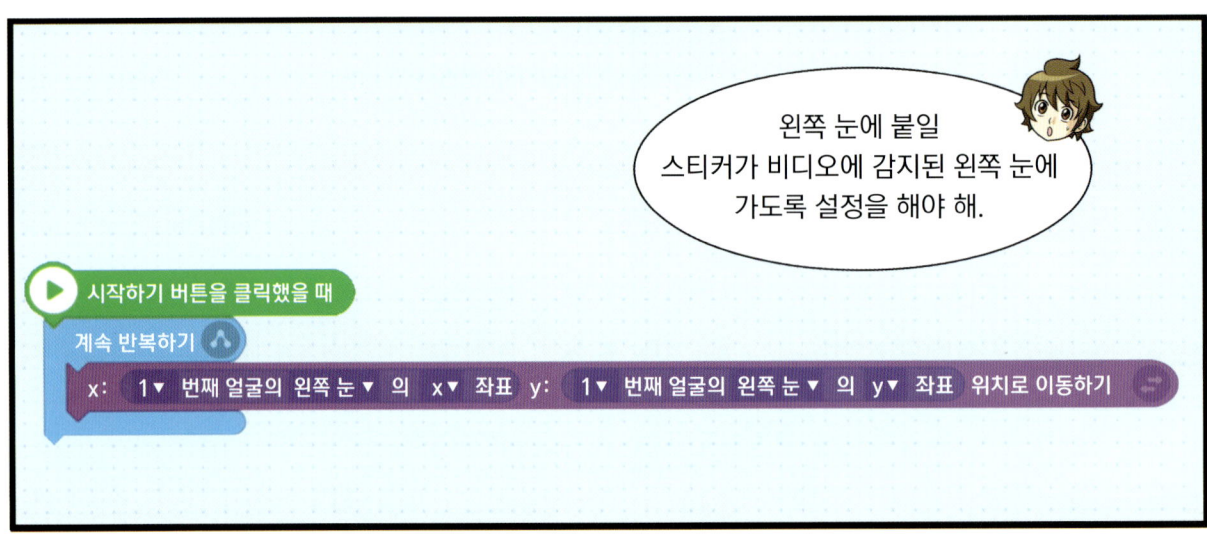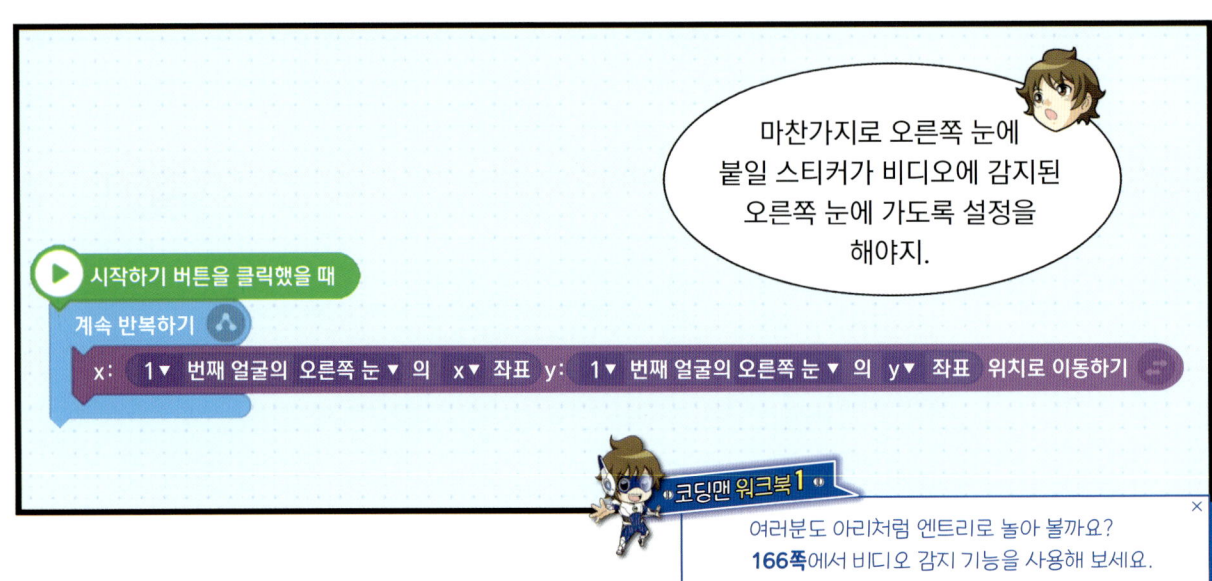

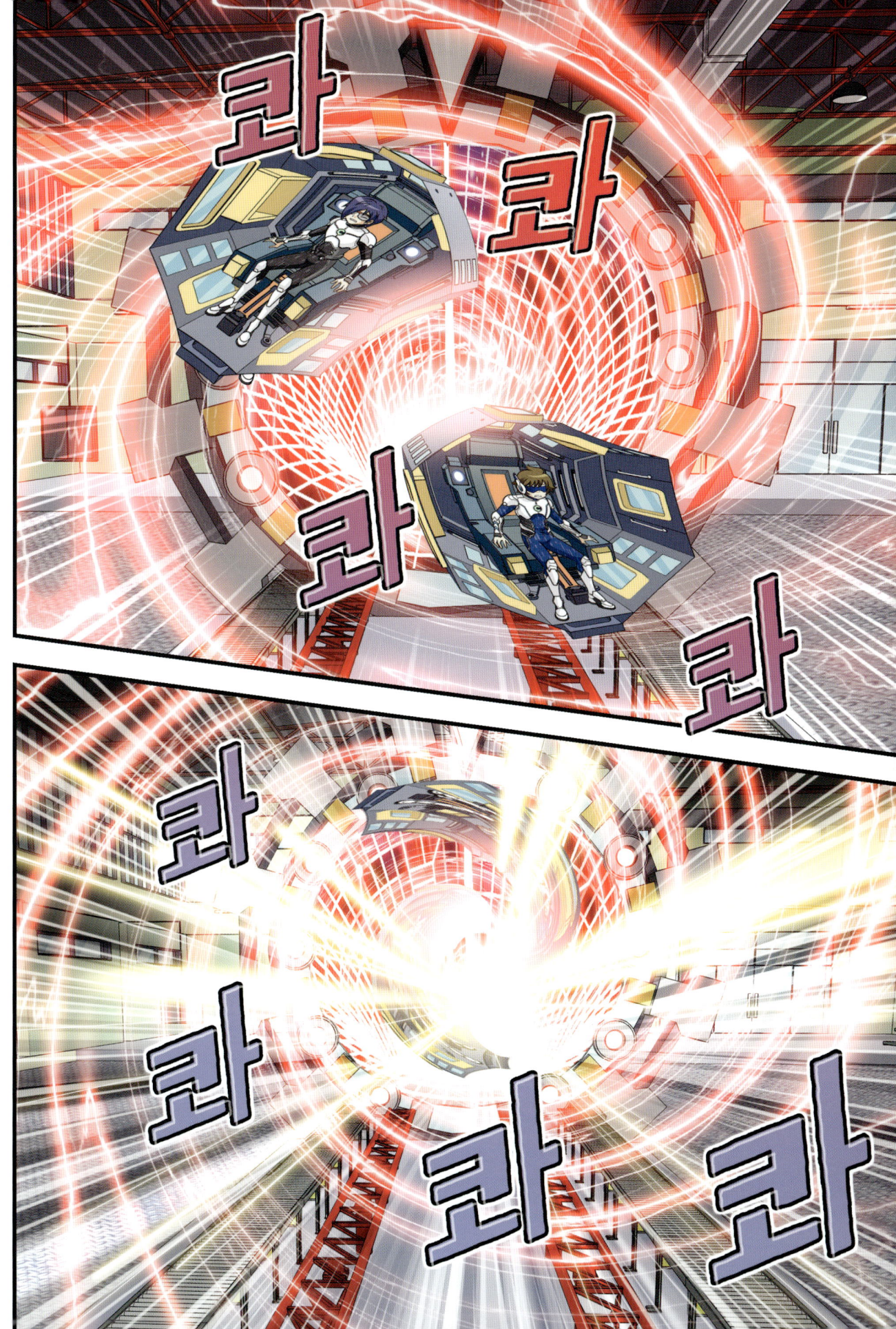

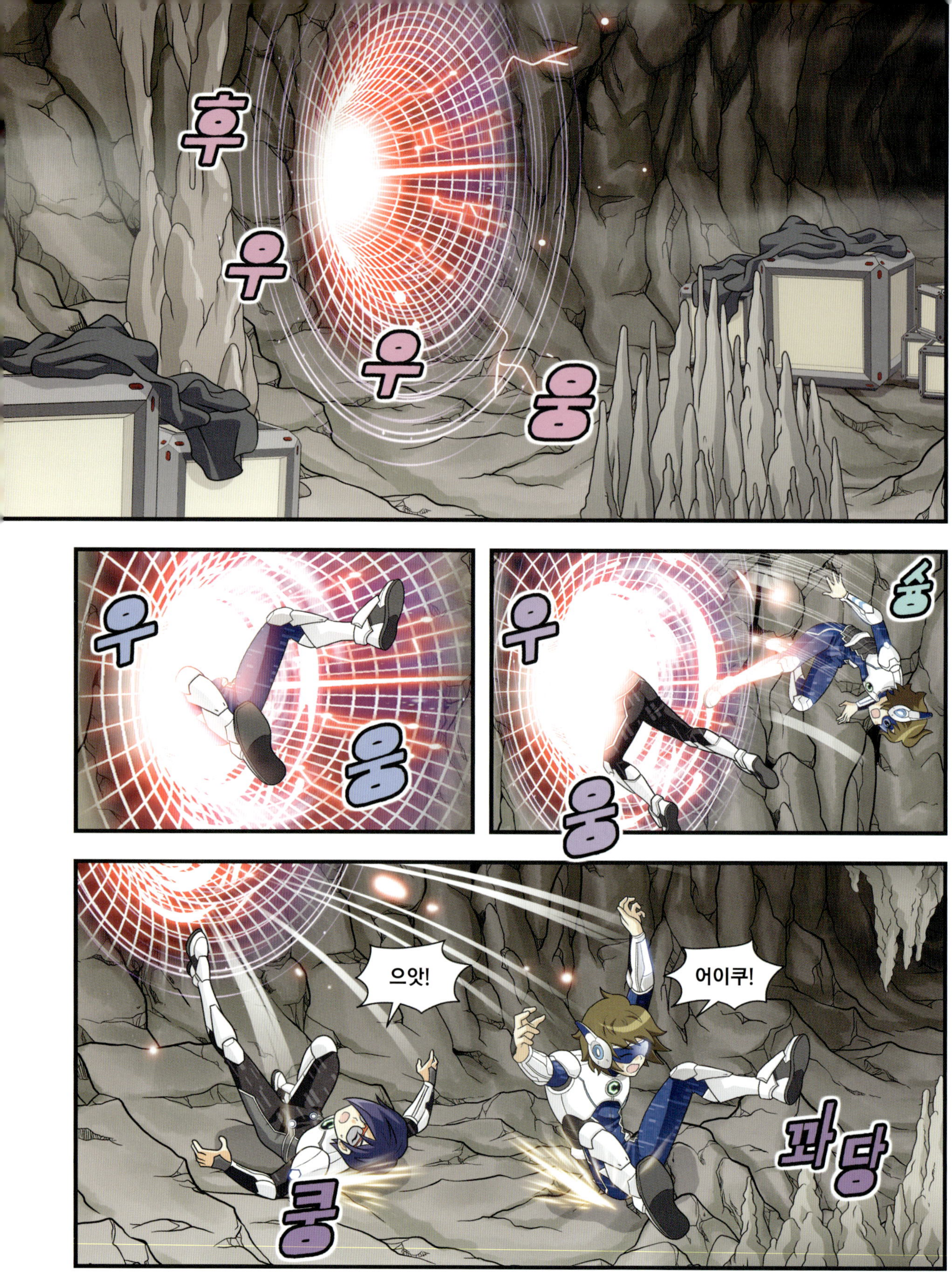

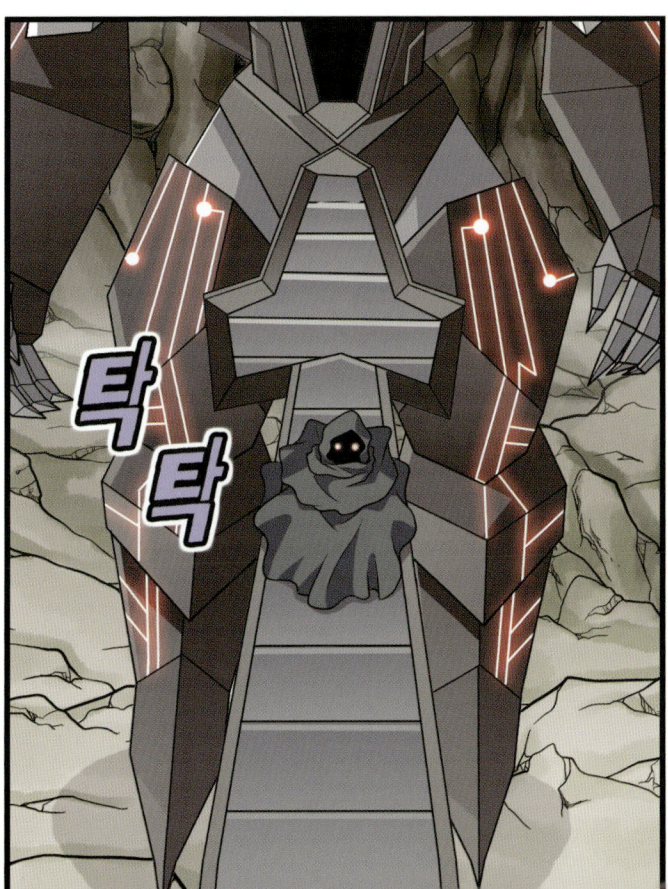

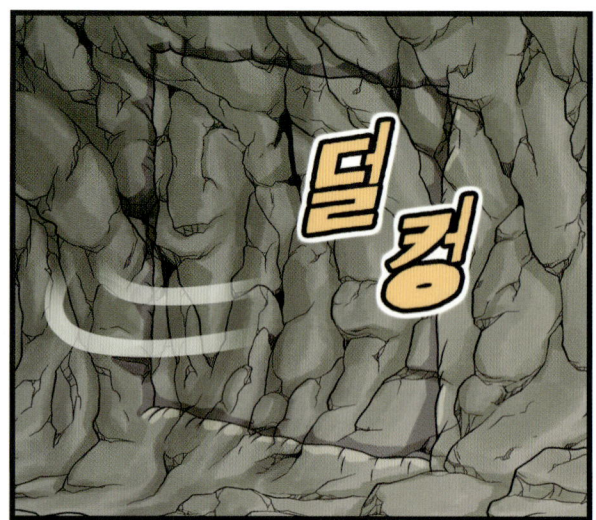

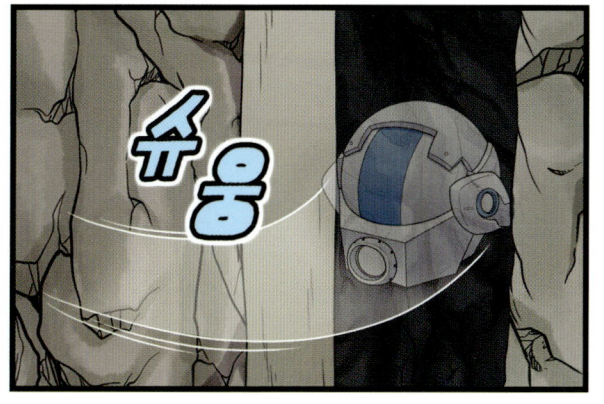

이건 뭐야?

통

통

엄마야!

깜짝이야!

뽕

슉 슉

슈욱 슉

비틀

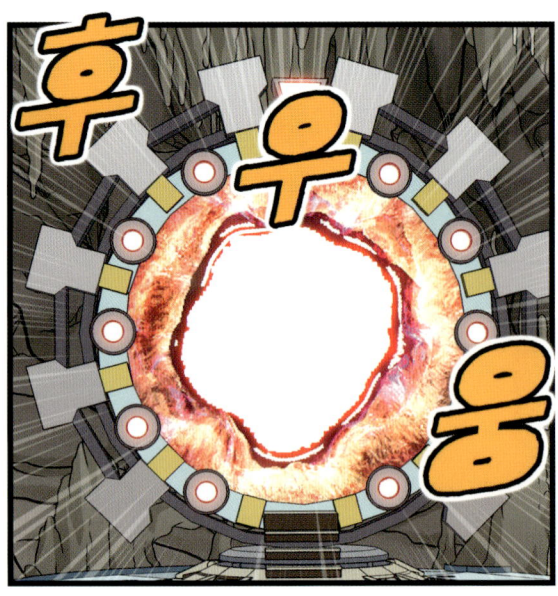

헉, 저게 뭐야?

맙소사!

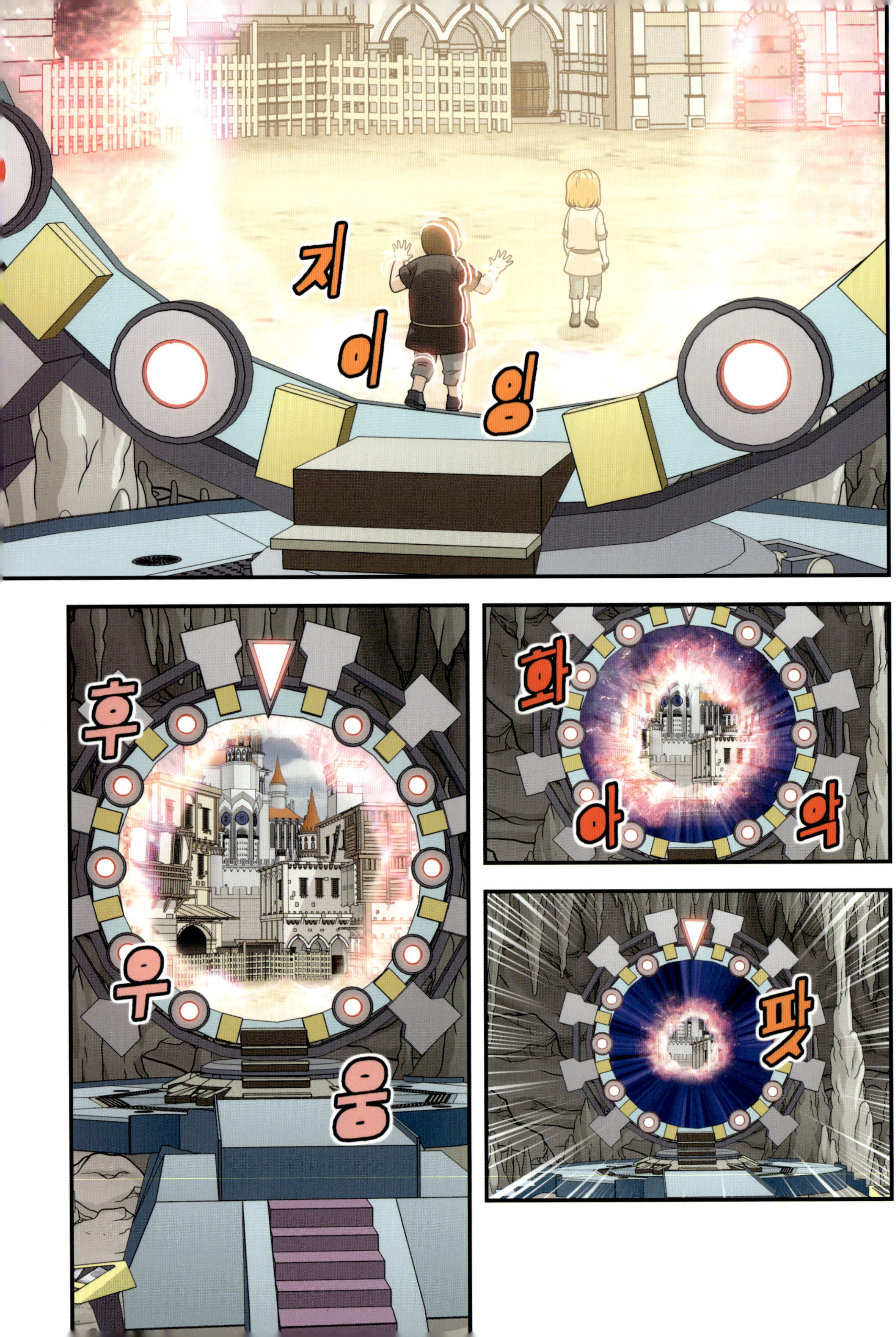

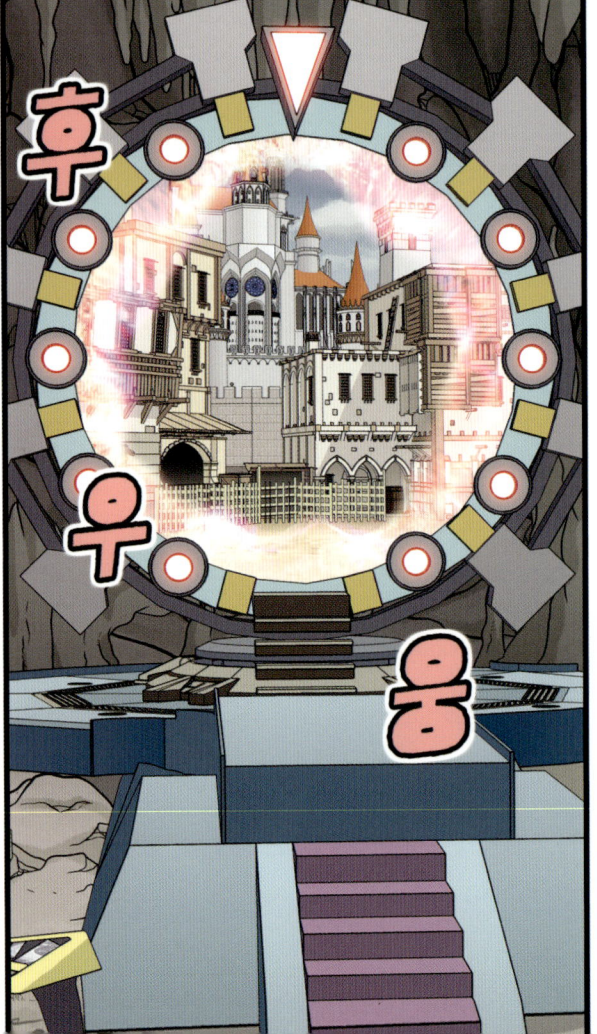

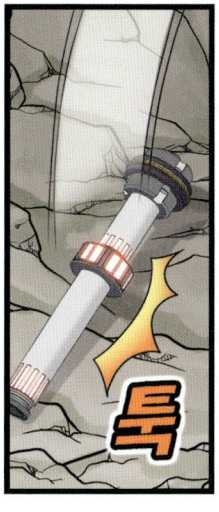

버그킹 시절이여….
그때가 그립군.

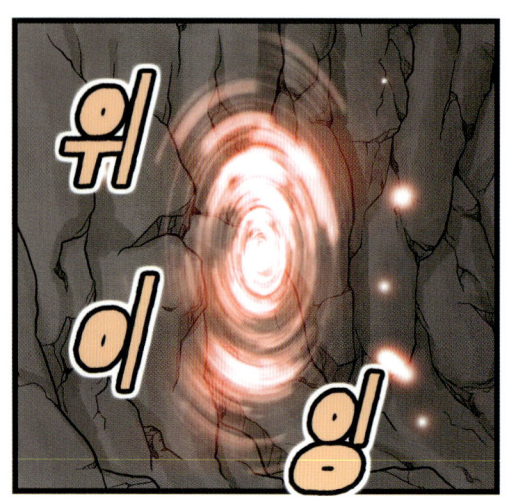

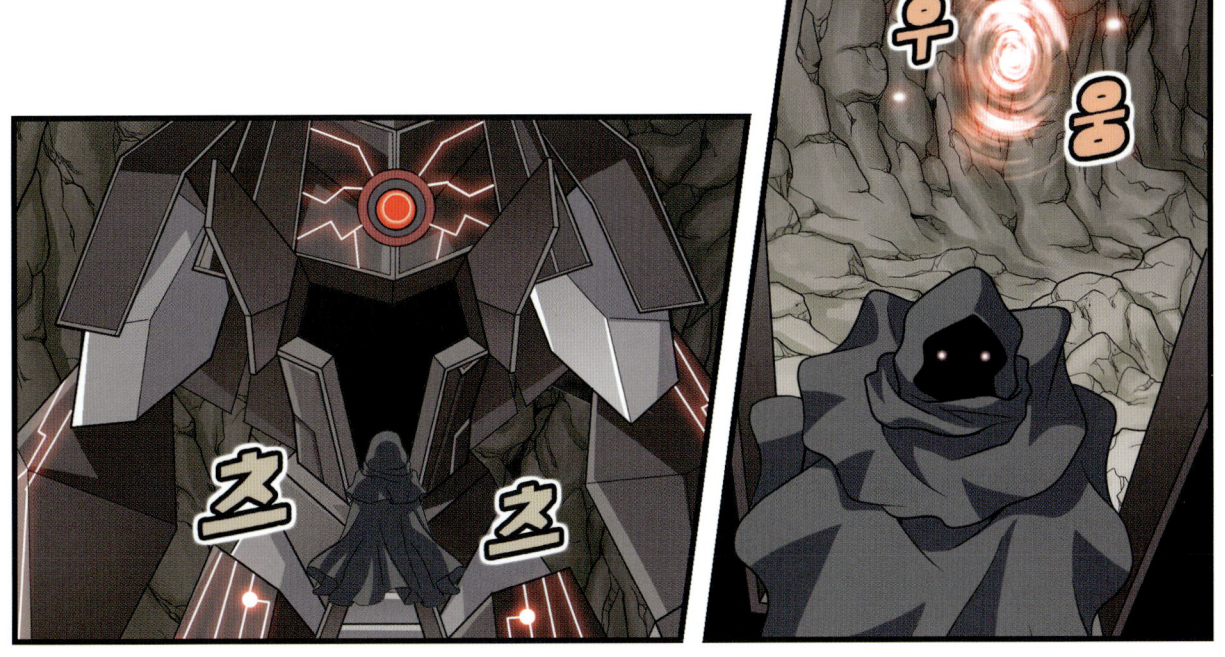

# 에필로그

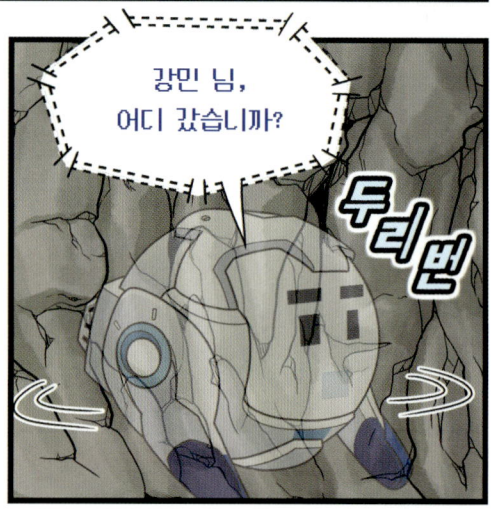

## 만화 속 개념 1

## 인공지능이란?

영화 〈아이언맨〉을 보면 아이언맨의 슈트에 담긴 다양한 무기와 비행 장치만큼이나 흥미로운 점이 있습니다. 바로 아이언맨이 '자비스'라고 부르는 인공지능 비서입니다. 자비스는 빠른 판단력과 처리 능력을 가지고 있습니다. 사람의 말도 쉽게 알아듣고 기계적 기능으로 인간을 도우니 모두가 꿈꾸는 인공지능 비서라고 할 수 있겠네요. 아이언맨의 자비스처럼 언젠가 기계가 완전히 사람처럼 생각하는 날이 올 수 있을까요?

### 강한 인공지능

1950년, 앨런 튜링이라는 영국의 수학자는 인공지능과 사람이 대화를 하도록 했을 때, 사람이 상대가 기계인지 사람인지 정확히 구분할 수 없다면 그 기계를 인공지능이라고 할 수 있다는 내용의 '튜링 테스트'를 제안하기도 했어요. 사람들은 명령을 받아 특정한 분야의 일만 처리할 수 있는 약한 인공지능과 달리, 명령을 받지 않고도 스스로 생각하고 판단할 줄 아는 기계를 강한 인공지능이라고 말하게 되었답니다. 미국의 미래학자 레이 커즈와일은 강한 인공지능이 2030년에 실제로 만들어질 것이라고 말했어요.

이미 인간의 한계를 뛰어넘는 능력을 가진 상태에서 자아가 있는 강한 인공지능이 나타났을 때 인류가 멸망할 것이라고 예측하는 학자들도 있고 이를 소재로 한 SF 영화들도 많이 만들어졌지요. 어떤 일이 벌어질지 정확히 예측하기는 어렵지만 언젠가 나타날 강한 인공지능을 잘 활용하기 위해 학자들은 계속해서 연구하고 있답니다.

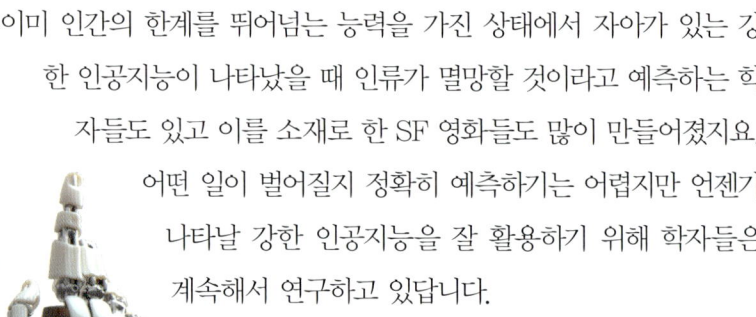

◂ 사람처럼 생각하는 '강한 인공지능'

### 약한 인공지능

약한 인공지능은 강한 인공지능처럼 스스로 생각하진 못해도 한 분야의 방대한 지식을 이용해 빠르고 정확하게 판단할 수 있답니다. 약한 인공지능은 자기 분야에서만큼은 이미 사람의 능력을 능가해요. 바둑 전문가 알파고, 음성을 인식하고 가전제품을 제어하는 인공지능 스피커, 통역을 해 주는 인공지능, *스팸 메일이나 이미지를 거르는 인공지능, 사용자의 취향에 맞게 음식, 물건, 음악 등을 추천해 주는 인공지능 등이 있답니다.

**Point**

❶ 강한 인공지능은 사람처럼 감정을 느끼고 생각하는 인공지능, 약한 인공지능은 특정한 분야의 전문 인공지능이라고 할 수 있어요.

❷ 약한 인공지능은 많은 양의 정보를 빠르게 학습하여 처리할 수 있다는 점에서 인간을 능가해요.

### 코딩 상식

#### 인공지능이 사람과 다른 점은?

'왓슨 제퍼디'는 2011년 미국의 〈퀴즈 쇼 제퍼디!〉에서 사람과 퀴즈 대결을 했던 인공지능이에요. 이 대결에서 왓슨 제퍼디는 〈퀴즈 쇼 제퍼디!〉에서 가장 오랜 기간 동안 우승을 거두었던 참가자와 역대 최대 상금 수상자, 두 사람의 무릎을 꿇게 만들었습니다. 그들 중 한 명은 나중에 이런 말을 했어요.
"왓슨은 겁먹지 않는다. 왓슨은 자만하거나 낙담하지도 않는다. 왓슨은 냉정하고 거침없이 자신만의 게임을 하며 답에 확신이 서면 완벽한 타이밍에 버저를 누른다."
이처럼 인공지능은 능력으로 사람을 능가하기도 하지만 사람처럼 당황하거나 슬퍼하는 감정이 없어요. 현재 많은 학자들이 사람처럼 감정이 있는 강한 인공지능을 만들려는 노력을 하고 있지만 오히려 인공지능이 감정을 느끼지 않아서 활용할 수 있는 분야도 많답니다.

***스팸 메일_** 불특정한 다수의 통신 사용자에게 일방적으로 전달되는 광고성 전자 우편.

만화로 돌아가려면 25쪽으로!

## 만화 속 개념 2

### 인공지능이 공부하는 방법

아리가 배운 엔트리의 인공지능 블록에는 다양한 언어를 번역해 주는 '번역' 블록, 카메라를 이용하여 사람, 얼굴, 사물 등을 인식하는 '비디오 감지' 블록, 마이크를 이용하여 사람의 소리와 음성을 감지하는 '오디오 감지' 블록, 글을 읽어 주는 '읽어 주기' 블록이 있지요. 엔트리 블록에게 눈, 귀, 입, 그리고 외국어 능력까지 생긴 셈이에요. 엔트리의 인공지능 블록은 어떻게 이런 능력을 갖게 된 것일까요?

### 머신 러닝

인공지능이 공부하는 방법은 조금 다르답니다. 기계 학습, 즉 '머신 러닝'이라고 불리는 방법을 사용해요. 머신 러닝은 컴퓨터에게 많은 양의 데이터를 주고, 거기에서 일반적인 패턴을 찾아내게 하는 공부 방법입니다. 개와 고양이를 보고 구별할 줄 아는 인공지능을 만들고 싶다고

▲ 데이터를 학습하는 인공지능

생각해 봅시다. 개와 고양이의 차이점을 기계에게 일일이 설명하려면 정말 어려울 거예요. "귀는 어떻고, 눈은 어떻게 생겼고……." 이런 설명은 사람마다 주관적이기도 하니까요. 대신에 개와 고양이의 사진 데이터를 많이 보여 주는 방법을 생각해 볼까요? 먼저 다양한 개의 사진을 보여 주면서 이 사진이 '개'의 사진임을 알려 줍니다. 또 마찬가지로 수많은 고양이의 사진을 보여 주고 이 사진이 '고양이'의 사진임을 알려 줍니다. 이런 방법으로 사진 데이터를 수천 장, 수만 장 보여 주는 겁니다. 그다음 인공지능이 처음 보는 개 또는 고양이 사진을 보여 주면 인공지능은 개의 사진인지 고양이의 사진인지 구별할 수 있습니다. 머신 러닝을 하며 고양이와 개의 특징을 완벽하게 알아냈기 때문이에요.

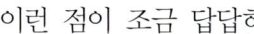
**공부하는 기계**

기계 학습은 이렇듯 사람이 공부하는 방법과 비슷한 듯하면서도 사람과 달리 많은 양의 데이터를 보여 줘야 하는 경우가 많아요.
이런 점이 조금 답답하

▲ 사람과 사물을 구분하는 인공지능의 모습

게 느껴질 수 있어요. 하지만 기계는 끊임없이 공부할 수 있고 그건 기계에게 어려운 일이 아니랍니다. 그래서 정확한 데이터가 많으면 많을수록 인공지능은 지치지 않고 계속해서 학습하고 점점 더 똑똑해져요. 처음에 탕수육과 갈색 푸들도 구별하기 어려워했던 인공지능은 학습을 거치면서 똑같이 생긴 쌍둥이의 얼굴도 막힘없이 구별하게 됩니다. 사람이 미처 구별하지 못하는 미세한 차이까지 인지하는 능력을 갖게 되었지요. 우리가 스팸 메일을 휴지통에 버리기 전에 스팸 신고를 하는 것은 그 순간 기계 학습을 위해 데이터를 하나 만들어 주는 것과 같아요. "이런 메일은 스팸 메일이다."라고 인공지능에게 데이터 정보를 주는 것이지요. 많은 사람들이 그동안 이런 방법으로 인공지능에게 데이터를 주었고 그 덕분에 기계가 예전보다 훨씬 더 스팸 메일을 잘 거를 수 있게 되었답니다.

이렇게 정답이 있는 자료를 많이 보여 주는 머신 러닝은 사실 인공지능이 공부하는 여러 가지 방법 중 하나예요. 우리 주변의 인공지능에 가장 많이 쓰이는 공부 방법이기도 합니다.

## ✓ Point

❶ 머신 러닝이란 인공지능이 새로운 데이터를 만났을 때 판단과 예측을 할 수 있도록 많은 양의 데이터를 활용하여 학습하는 방법이에요.

❷ 많은 데이터를 공부할수록 인공지능은 더욱더 똑똑해져요.

머신 러닝을 실습해 보고 싶다면 '코딩맨 워크북 2(168쪽)'로 가세요!

💡 만화로 돌아가려면 **52쪽**으로!

## 만화 속 개념 3

# 사람과 닮은 로봇

로봇X처럼, 로봇은 보통 사람처럼 생긴 경우가 많습니다. 그런데 로봇이 사람과 닮은 점은 겉모습뿐만이 아닙니다. 로봇의 구조를 자세히 들여다볼까요? 사람과 닮은 부분들을 함께 알아보고 비교해 보아요.

### 로봇의 감각 기관, 센서

사람의 눈, 귀, 코, 피부는 세상의 다양한 정보와 변화를 느낄 수 있는 **감각 기관**입니다. 시끄러운 소리가 들리면 귀를 막기도 하고, 향기로운 꽃 냄새를 여유롭게 즐길 수도 있어요. 로봇에게도 우리와 같은 감각 기관인 센서가 있답니다. 로봇은 다양한 **센서**로 외부의 정보를 받아들입니다. 온도 센서, 압력 센서, 속도 변화나 진동을 측정하는 가속도 센서, 소리를 감지하는 소리 센서 등도 있지요. 이렇게 외부의 자극(정보)을 받아들인 센서는 로봇이 이해할 수 있도록 이 정보를 전기 신호로 바꿉니다.

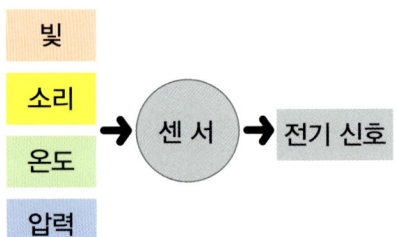

### 로봇의 뇌, 제어 장치

센서를 통해 받은 전기 신호(정보 또는 자극)에 대한 판단은 어디서 할까요? 바로 제어 장치입니다. "신호등이 바뀌었으니 건너자." 우리는 신호등이 초록 불로 바뀐 것을 확인하고 횡단보도를 안전하게 건넙니다. 사람은 눈으로 받아들인 정보를 신경을 통해 뇌에 전달하고, 이를 바탕으로 **뇌**가 판단을 내리기 때문입니다. 로봇에게는 사람의 뇌처럼 입력받은 정보로 판단하여 명령을 내리는 **제어 장치**가 있답니다.

## 로봇의 팔다리, 구동 장치

우리 몸은 팔과 다리의 커다란 근육으로 움직임을 만들기도 하고, 균형을 잡기 위해 작고 섬세한 **근육**도 씁니다. 로봇에게도 근육, 관절과 같이 움직임을 만드는 **구동 장치**가 있습니다. 로봇은 전기 모터가 돌아가는 힘이나 공기, 물의 압력으로 크고 작은 움직임을 만들어 냅니다. 손바닥 안에 쏙 들어갈 만한 미니 드론이 작은 전기 모터만으로 재빠르게 움직이기도 하고, 의료 수술용 로봇이 아주 섬세한 움직임으로 정밀한 작업을 수행하기도 합니다. 또 큰 힘이 필요하거나 일정한 크기의 힘이 필요한 곳에서도 로봇의 구동 장치가 큰 역할을 해 줍니다.

▼ 의료 수술용 로봇
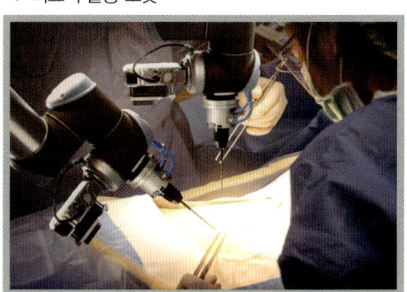

### ✓ Point

❶ 사람의 감각 기관과 같은 로봇의 **센서**는 빛, 소리, 온도 등 여러 가지 정보를 전기 신호로 바꾸어 입력합니다.

❷ 사람의 뇌와 같은 로봇의 **제어 장치**는 센서로 입력받은 정보를 바탕으로 명령을 내립니다.

❸ 사람의 팔다리와 같은 로봇의 **구동 장치**는 로봇의 다양한 움직임을 만들어 줍니다.

### 코딩 상식

#### 사람과 매우 흡사한 로봇, '휴머노이드'

휴머노이드란 인간의 모습을 한 로봇을 뜻합니다. 사람처럼 정보를 받아들인 뒤 판단하여 움직이는 능력도 닮았습니다. 휴머노이드를 만든 이유는 무엇일까요?
예를 들어 요리를 돕는 로봇이라면 사람과 같은 높이의 싱크대에서 각종 도구를 사용할 수 있어야 하겠죠. 이렇게 휴머노이드는 일상에서 사람과 더 가까이 함께하기 위해 사람을 닮아 가고 있답니다.

💡 만화로 돌아가려면 **122쪽**으로!

# 아두이노와 센서

레이카의 말처럼, 아두이노에 다양한 센서나 부품을 연결해 우리가 상상하는 장치들을 만들 수 있습니다. 아두이노와 센서를 연결하여 스스로 빛을 내는 장치를 만들어 봅시다.

### 빛을 내는 장치

빨간색 LED

밝기 센서

빨간색 LED를 11번 핀에 연결했어요.

밝기 센서를 A0번 핀에 연결했어요.

위 그림에서 오른쪽의 아두이노 보드에는 센서를 입력할 수 있는 곳과 LED, 모터, 스피커와 같은 부품을 연결할 수 있는 곳이 있습니다. 이곳을 '핀'이라고 부릅니다. 밝기 센서를 통해 빛의 밝기 정보를 A0번(아날로그 0번) 핀으로 입력받도록 연결되어 있네요. 11번 핀에는 빛을 내는 LED 부품이 연결되어 있고요. 밝기 센서로 받아들인 센서 값이 어떻게 달라지는지 엔트리봇이 말하도록 엔트리 블록( 보기1 )을 만들었어요. 밝기 센서는 밝기 조절에 따라 다른 양의 전기 신호를 전달합니다. 이제 주변의 밝기에 대한 정보가 전기 신호로 바뀌어 컴퓨터가 알 수 있게 되었습니다.

▲ 보기1

어두운 곳에서는 1000에 가까운 숫자가 나타났습니다.

밝은 곳에서는 훨씬 작은 숫자가 나타났습니다.

숫자가 커질수록 주변이 어둡다는 것, 반대로 숫자가 작아질수록 주변이 밝다는 것을 컴퓨터와 약속했습니다. 명령을 내리면 엔트리봇은 어떻게 말할까요?

손으로 밝기 센서를 가리면 엔트리봇은 "너무 어두워졌어ㅠㅠ"라고 말합니다. 손을 치워 센서 주변을 밝게 하면 엔트리봇은 "더 이상 어둡지 않아!"라고 말합니다.( 보기2 )

▲ 보기2

밝기 센서를 아두이노에 연결해 사용하는 방법을 익혔으니, 이제 빨간색 LED에 불을 켜 볼까요? LED는 11번 핀에 연결했지요? 어두울 때에만 켜지도록 약속해 봅시다.( 보기3 )

▲ 보기3

어두워지면 스스로 켜지는 LED 장치가 완성됐어요! 이렇게 아두이노에 여러 부품을 연결하고 명령을 내려서 다양한 장치를 만들 수 있답니다.

## ✔ Point

❶ 센서나 LED 같은 부품은 아두이노의 보드 위 핀에 연결합니다.

❷ 아두이노는 센서를 통해 정보를 입력받으면, 그 센서 값을 이용해 판단을 내려 명령을 만들어요.

❸ 약속한 명령에 따라 처리한 결과는 LED, 모터, 스피커를 통해 빛, 회전하는 움직임, 소리 등으로 내보낼 수 있어요.

만화로 돌아가려면 124쪽으로!

만화 속 개념 **165**

# 인공지능 블록 : 비디오 감지 기능

엔트리 블록 중 인공지능 블록의 비디오 감지 기능을 이용하면 여러분의 표정이나 움직임을 인식하도록 명령을 내릴 수 있어요. 웹 캠이나 카메라를 준비하여 움직임을 알아차리는 장치를 만들어 봅시다.

❶ **비디오 감지 블록 가져오기**

비디오 감지 기능을 이용하기 위해서는 먼저 엔트리의 기본 블록 꾸러미에서 인공지능 블록을 추가해야 해요! 블록 꾸러미에서 [인공지능 🧠] 블록 → [AI 블록 불러오기] → [비디오 감지 📷] → [추가하기]를 눌러 비디오 감지 블록을 추가해 봅시다.

❷ **명령에 필요한 핵심 블록 찾기**

이제 만들 장치를 위해서는 아래 두 개의 블록이 중요해요!

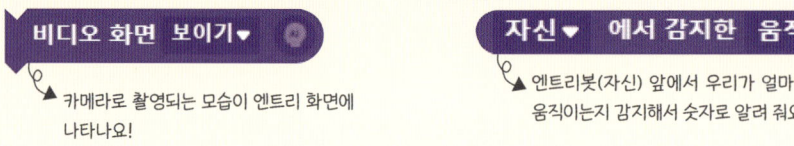

↳ 카메라로 촬영되는 모습이 엔트리 화면에 나타나요!

↳ 엔트리봇(자신) 앞에서 우리가 얼마나 빠르게 움직이는지 감지해서 숫자로 알려 줘요!

**01** 보기1 처럼 엔트리봇이 우리의 움직임을 감지할 수 있도록 코딩했어요. 보기2 처럼 엔트리봇에게 직접 닿은 상태에서 손을 흔들거나 손을 흔들지 않을 때의 차이점을 잘 보고, 옳지 않은 설명을 한 친구는 누구인지 빈칸에 써넣어 보세요.

- **아리** : 비디오 화면을 켜는 명령 블록이 들어가 있어. 엔트리봇에게 엔트리봇이 감지한 움직임 값을 계속 말하도록 한 거야.
- **호동** : 손을 흔들 때 움직임 값은 467로 나타났어.
- **강민** : 손을 흔들지 않을 때에는 움직임 값이 121이야. 손을 흔들 때보다 낮아졌어.
- **예린** : 움직임 값은 엔트리봇 앞에서 흔들수록 낮아지는구나!
- **레이카** : 이대로라면 움직임 값이 467처럼 커질 때에는 뭔가가 움직이고 있다는 것을 예상할 수 있어.

**02** 엔트리봇이 움직이는 정도에 따라 움직임 값이 달라지는 것을 찾아냈습니다. 이때 아래 두 가지 블록은 보기2 에서 각각 어디에 들어가야 할까요?

(1) "움직임이 거의 느껴지지 않아!" : (   )번으로 들어가야 해요.

(2) "빠르게 움직이고 있어!" : (   )번으로 들어가야 해요.

＊정답은 172쪽에

만화로 돌아가려면 50쪽으로!

# 코딩맨 워크북 2
## 인공지능 블록 : 머신 러닝

엔트리의 인공지능 블록에서 머신 러닝을 직접 실습해 볼 수 있어요. 만약 웹 캠이 있다면 강민이가 원하는 방향으로 광선을 쏘는 것처럼 여러분도 손짓으로 방향을 가리켜서 엔트리 화면 속 오브젝트를 움직일 수 있답니다. 아래 내용을 순서대로 따라해 보세요.

**❶ 엔트리의 인공지능 블록에서 '모델 학습하기' 기능 준비하기**

엔트리에 로그인한 뒤 [인공지능] 블록 → [모델 학습하기] → [이미지]순으로 클릭합니다.

**❷ 인공지능이 학습할 데이터 준비하기**

[+클래스 추가하기]를 눌러 보세요. 클래스가 하나씩 추가될 거예요. 클래스는 '가위', '바위', '보'와 같이 데이터의 종류만큼 추가( 보기1 참고)하면 됩니다.

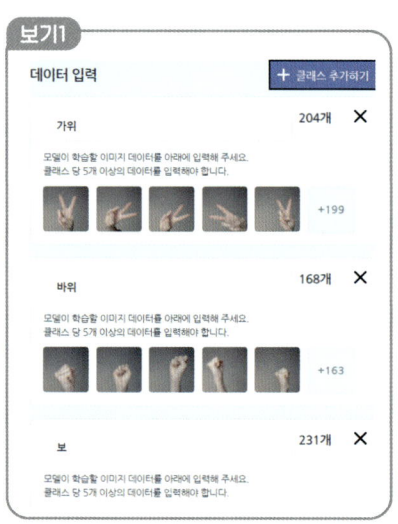

이제 인공지능에게 데이터를 입력해서 학습시켜야 해요. 카메라로 찍은 사진을 업로드해도 되고 웹 캠으로 바로 촬영( 보기2 참고)해도 됩니다. '가위' 클래스에는 가위 모양의 손을 촬영해서 데이터를 입력( 보기1 참고)해 주면 됩니다. '바위' 클래스와 '보' 클래스도 마찬가지로 똑같이 하면 됩니다. 데이터가 많을수록 인공지능의 정확도가 높아진답니다.

 만화로 돌아가려면 23쪽으로!

❸ **인공지능이 학습할 데이터 다듬기**

인공지능이 학습할 사진 데이터에 적절하지 않은 데이터가 있으면 안 되겠지요? 잘못된 데이터들을 지우거나 다시 분류하는 작업을 '데이터 전처리'라고 불러요. 인공지능의 학습 결과에 큰 영향을 주는 중요한 단계예요. 여러분도 촬영한 사진을 다시 보며 잘못된 데이터는 오른쪽 위의 ×를 클릭해 지워 주세요.

'가위' 데이터 중 적절하지 않은 데이터를 지우는 과정이에요!

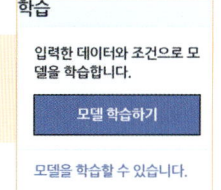

❹ **데이터를 이용하여 인공지능을 학습시키고 결과 확인하기**

데이터를 모두 다듬었다면
이제 [모델 학습하기] 버튼을 클릭해 보세요!

**학습**
입력한 데이터와 조건으로 모델을 학습합니다.
[모델 학습하기]
모델을 학습할 수 있습니다.

그리고 학습이 100% 완료되었다면
결과에서 [촬영]을 눌러 웹 캠을 켜고
인공지능이 제대로 학습했는지 확인해 보세요.

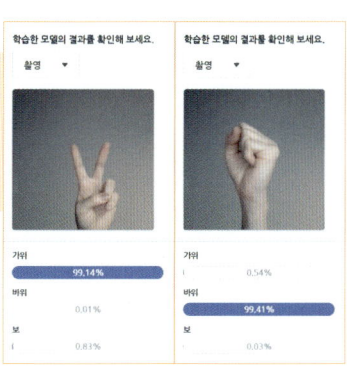

인공지능이 잘 작동한다면
[추가하기]를 클릭해서
내가 만든 인공지능
블록을 사용할 수 있게 돼요!

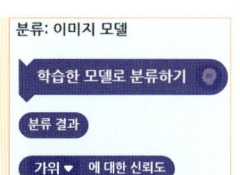

＊정답은 172쪽에

만화로 돌아가려면 53쪽으로!

# 코딩맨 따라잡기!

코딩맨은 엄청난 코딩력을 지니고 있어 사물에 담긴 코드가 눈에 보이지요. 코딩맨처럼 블록이 실제로 눈에 보이지는 않더라도 여러분도 사물에 담긴 코드를 충분히 추리할 수 있답니다. 만화 속 장면들을 다시 보며 코드를 추리해 볼까요? 시작!

**01** 코딩맨이 아무것도 없는 것 같았던 벽에서 이런 코드를 보고 문을 열었던 장면을 기억하나요? 1권을 읽으며 워크북을 열심히 풀었던 친구라면 코딩맨이 본 일부분만 보고 전체 코드를 추리할 수 있을 거예요! 문에 들어 있던 전체 코드는 무엇이었을까요?

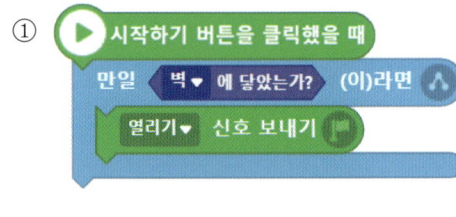

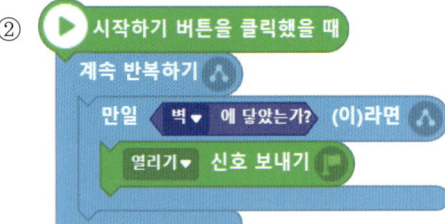

**02** 코딩맨이 열었던 벽은 10초만에 문이 닫히는 벽이었어요. 만약 10초 뒤 닫히는 것이 아니라 벽을 한 번 더 누르기 전까지 계속 열려 있는 문이라면, 코딩맨과 환희가 급하게 서두르지 않아도 됐을 거예요. 흐름 블록에서 새로운 블록을 살펴보고 문의 블록 코드를 어떻게 바꾸면 좋을지 생각해 볼까요? 보기1과 보기2의 내용을 참고하여 알맞은 번호를 고르세요.

보기1

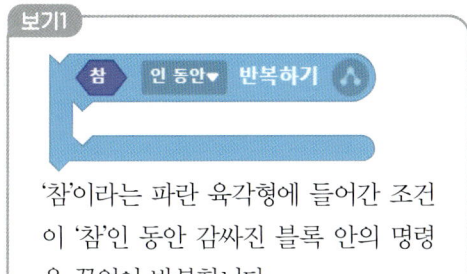

'참'이라는 파란 육각형에 들어간 조건이 '참'인 동안 감싸진 블록 안의 명령을 끝없이 반복합니다.

보기2

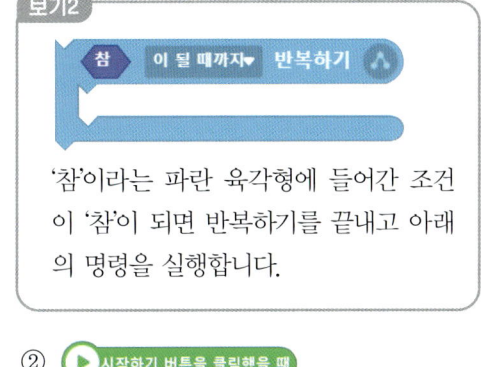

'참'이라는 파란 육각형에 들어간 조건이 '참'이 되면 반복하기를 끝내고 아래의 명령을 실행합니다.

①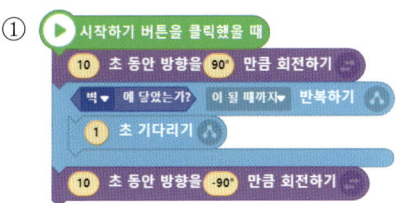

②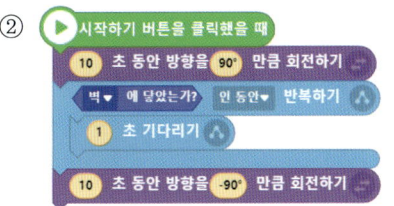

**03** 동굴 주변에 불빛이 너무 밝은데 일일이 밝기를 어둡게 하기는 쉽지 않아요. 검은 망토가 멀어지면 스스로 불빛이 약해지도록 하는 것이 좋겠어요. 판단 블록을 생각하며 알맞은 번호를 골라 보세요.

*정답은 172쪽에

# 정답과 해설

**166쪽**

01. 예린

**167쪽**

02. (1) ② (2) ①

**170쪽**

01. ②

02. ①

**171쪽**

03. ③

문제를 잘 풀었나요?
문제가 어려웠다면 학습 내용을 복습한 뒤
다시 풀어 보세요! 그럼 다음 권에서
**더 업그레이드된 코딩 실력으로** 만나요!

# 다빈치AI 코딩 바이블

글로벌 54개국 진출 표준 교구

 +  +

창의적 사고력    문제해결력    논리적 사고력

## 쉽고, 재미있게 놀면서 익히는 코딩

### 편리한 Module
- 자석 연결 방식
- 모듈의 방향과 순서 상관 없이 조합 가능

### 무한한 확장성
- 다양한 탬플릿 활용
- 새로운 모듈 추가로 제한 없는 상상력 확장

### Plug and Play
- 엔트리, 모듈매처 등 다양한 SW 지원
- 전원 공급으로 즉시 작동

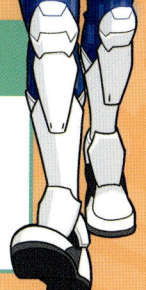

## 창의 사고력 융합 보드게임

논리적 분석과 수학적 사고로
**창의력**과 **문제 해결 능력**을 기르는 교육용 보드게임

## 버그킹과 디버깅 요원들이 펼치는 흥미진진한 대결!

게임 구성물

메인 판

캐릭터 판

상급버그  하급버그  디버깅코인

디버깅카드

버그카드

메인 판 1장, 캐릭터 판 5장, 디버깅카드 35장, 버그카드 25장, 디버깅코인 30개, 상급버그 5개, 하급버그 25개

 알고리즘　 분석　 사고　 수학　 협력

버그킹덤과 맞서 싸우는 우리의 히어로 코딩맨!

**"코딩맨으로 게임을 만들면
나도 Incredible한 게임 제작자!"**

**PART1** 코딩맨과 친해지며 게임을 만들 준비를 해요.
**PART2** 코딩맨과 엔트리에서 프로그램의 과정을 익혀요.
**PART3** 코딩맨과 게임을 만들면서 코딩의 개념을 익혀요.

# who? 한국사 (전 40권)

58명의 인물 한국사 이야기를 만화로 읽으며,
선사 시대부터 조선 시대까지 우리나라 역사의 흐름을 꿰뚫는다!

| 선사·삼국 시대 | 남북국 시대 | 고려 시대 |
|---|---|---|
| 01 단군·주몽 | 08 김유신 | 14 왕건 |
| 02 혁거세·온조 | 09 대조영 | 15 서희·강감찬 |
| 03 근초고왕 | 10 원효·의상 | 16 묘청·김부식 |
| 04 광개토 대왕 | 11 장보고 | 17 의천·지눌 |
| 05 진흥왕 | 12 최치원 | 18 최충헌 |
| 06 의자왕·계백 | 13 견훤·궁예 | 19 공민왕 |
| 07 연개소문 |  | 20 정몽주 |

| 조선 시대 | | |
|---|---|---|
| 21 이성계·이방원 | 28 이순신 | 35 정약용 |
| 22 정도전 | 29 광해군 | 36 최제우·최시형 |
| 23 세종 대왕 | 30 김홍도·신윤복 | 37 김정호·지석영 |
| 24 김종서·세조 | 31 정조 | 38 전봉준 |
| 25 조광조 | 32 김만덕·임상옥 | 39 김옥균 |
| 26 이황·이이 | 33 정여립·홍경래 | 40 흥선 대원군·명성 황후 |
| 27 신사임당·허난설헌 | 34 박지원 | |